唱歌去旅行
Sing Along The Travel

周笔畅

北方联合出版传媒（集团）股份有限公司
万卷出版公司

2010年，对我来说是一个值得纪念的年份。

在这一年，我完成了人生中一件特别重要的事情，那就是我的个人演唱会。

在这个时刻，我知道我是幸运的。

演唱会之前，我的心情完全被新奇和亢奋占满。可是渐渐地，我发现开演唱会是一个折磨人的过程，节食、健身和排练、不停地练习舞蹈，又累又饿的时候我还会发脾气……

但当我看到这么多人为了我从各地奔波而来，当我看到每一个人坚定的表情，想到你们这五年来的不离不弃，我知道，我的这点儿辛苦比起你们，根本就不算什么。

演唱会的舞台非常华丽，每一套服装既漂亮又有个性。我第一次穿上了礼服裙，第一次跳了那么多的舞，第一次拥有只属于我一个人的舞台。那么多耀眼夺目的灯光全都围绕着我，直到现在我都觉得这一切美得不可思议。我曾经无数次梦见过自己的演唱会，想象它会是什么样子。直到我站在这个真实的舞台上，才知道想象的匮乏。我常常提醒自己这再也不是梦境，因为它比我梦里的样子更华丽、更完美、更动人。

为这场演唱会我足足等待了五年，当它呈现在你们和我眼前的时候，我突然明白这种等待就是一种积累和酝酿，是绝对值得的。

BiBi Chou

01

BIBI
CHOU
2010

戴眼镜的女孩

这戴眼镜的女孩
不太乖　不太坏
会看清楚未来
不对运气过分依赖
对努力崇拜
对音乐崇拜
One day I'll fly up high

BiBi Chou 2010

BiBi Chou 2010

BiBi Chou 011 2010

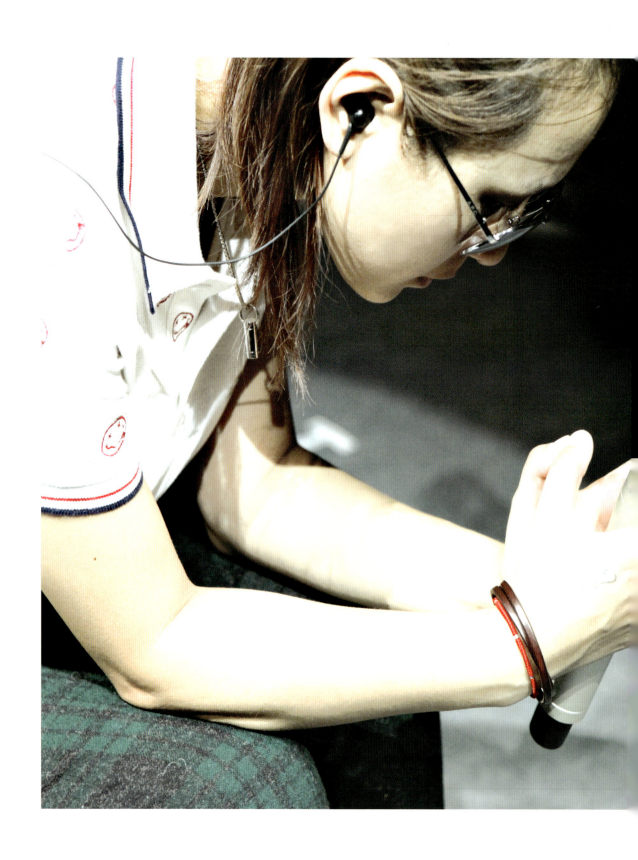

I like to sing my song...

BiBi Chou 2010

02

BIBI
CHOU
2010

TA说
——BiBi和她的朋友们

BiBi Chou ⁰²⁵ 2010

BiBi Chou

[发型]

　　记得五月底六月初，和企划花姐讨论周笔畅的《鱼罐头》MV发型时，她拿了一张照片——一位长发女模坐在马上，长裙飞扬，极为美丽且有气势。

　　当时花姐希望能将周笔畅的头发弄成那样，而我衷心地建议花姐不要让中性的周笔畅有长发的造型，因为压根儿觉得她一点儿也不适合。

　　当知道照片里的那位女模正是周笔畅时，我的下巴掉到了桌上！怎么回事？！左看右看上看下看，我真的纳闷儿又惊奇，太美了……

　　等到定装的那天，终于看见远从北京而来的她，带着眼镜，简单朴素的穿着，极有个性的样子，和我想象的她真有点落差呢。

　　拍《鱼罐头》MV的那天，等到所有的造型部分都就绪后，大家忍不住不停地称赞，其实是跌破大家的眼镜，着实让人惊艳。

　　笔笔，很开心能参与此次的巡回！当你站在台上唱歌时，我真的被震撼到，每首歌都很好听，无论快歌慢歌，当下决定成为你的歌迷。北京站结束后我立刻向丹妮（笔笔的企划兼保姆兼斗嘴吵架对象）要了你第一张专辑，不是盖的，连我弟弟都爱上你的歌了！

　　舞台上你魅力十足，吸引众人的目光及耳朵；舞台下你就是调皮爱捉弄人的邻家女孩。
　　这就是你，天生艺人，天生歌后。
　　我相信没有人会在听完你的歌后不爱死你！

　　如同歌迷说的——"You are the gift from the GOD."

By Betty

[化妆]

　　"周笔畅，你认识吗？有没有听过她的歌？我想找你做她的演唱会。"

　　第一次，川哥打了通电话给我，问了我这一句话。我说我知道这个人，之前她跟罗志祥合唱过，其他，好像就不是很了解了。

　　第二次，为了演唱会定装，造型组所有人在开会，终于——我见到了她本人。
　　好安静的一个女生哦！话不多，但很有自己的主见。
　　记得我还偷偷问了工作人员："她可以不戴眼镜吗？"
　　因为，她的五官很漂亮，但都被眼镜给遮住了。但公司说不行……
　　后来，在演唱会上大家再度碰头。总彩排时，我从头到尾听了一遍。天啊，也太会唱了吧！

　　终于，正式的演唱会来了。
　　完美的妆发及造型，再加上舞台效果，她变成了另一个大家都没见过的周笔畅。
　　出场后，我忍不住跑到舞台旁去观赏，发现拥有自信歌声的她，看起来真美。
　　映衬着全场歌迷的绿色荧光棒，这画面竟是如此地令人感动……

　　演唱会结束后，我不禁佩服起这位小女子。
　　第一次的个人演唱会，就这样稳稳地唱完两个半小时，佩服……佩服……
　　最后，告诉大家一个小秘密，其实笔笔还蛮调皮的，熟了之后觉得她还蛮搞笑的呢！
　　加油！很荣幸能跟你合作！

By 永远都在设计你手上的文身贴纸的人　叶晓菁

[合音1]

Dear 笔笔畅~天后~:

其实我不知该从何说起……嗯……我想你!（如此开门见山，不过这是真心话喔!我这个人话不多，所以就挑重点讲吧!！）

重点如下:

1.周笔笔，好个性!
2.周笔笔，好音乐!
3.周笔笔，好会唱!
4.周笔笔，好魅力!（你唱《传奇》时候的造型真的太美了!不过我觉得你最有魅力的是你的真性情!）
5.周笔笔，好缘分!（能认识你是我前世修来的福气!）
6.周笔笔，好爱拍!（你与相机是多么地形影不离，但别把我的卸妆照外流喔!我会觉得很赤裸!哈哈~）
7.周笔笔，好讨厌!（你太会唱啦!导致你的歌难度都太高，我在KTV都唱不好，讨厌啦~）
8.周笔笔，好用心!（我知道你很用心地想把每场表演都做得更好。）
9.周笔笔，好贴心!（你真的很贴心，你很多举动真的让我们受宠若惊!你怎么那么nice!）

So，周笔笔，好人一个!！

By 看起来很凶其实很爱闹的 Brandy

[合音2]

　　如果一本写真书能够将一个人的某种面貌忠实呈现，那么我想笔笔的写真书应该要多达上百本才能够保证原汁原味吧。

　　加入了笔笔这一次的巡回演唱会后，得以看到她私底下与工作上的模样——时而认真时而孩子气，时而忧愁时而豪迈。

　　我们就这么一次又一次地看见了她这些不矫揉造作的个性，并且共同为了一次又一次的歌唱旅行而努力。北京站庆生当天，我们也送上了一点儿微不足道的小心意。就是从那天开始，她让我们都感受到了不同于很多歌手的亲切。

　　我们回到台湾后，她履行了她的承诺，和我们每个乐手保持联络，甚至是互相关心问候。

　　回想第一次见到她出现在练习室，当时的她还很怕生，沉默寡言……那时从未想过会有这么一天，能够和一位天后等级的歌手有如朋友一般嬉笑打闹。

　　我记得这样一句话，是这位可爱的天后远距离在电脑上打出来的字，尽管电脑是这么的冰冷，但那些文字深深撼动了我的心——

　　她说："我们这些做朋友的，就是要代替你天上的妈妈好好地看着你呀！"

　　从这天开始，我从周笔畅身上知道了一个道理——一个人的成功不是来自于他光鲜亮丽的外表，而是来自于他善良并且纯真正直的内心。

　　周笔畅，如果你是神的礼物，那么你的歌声毋庸置疑地便是你的天赋。
　　Keep going！！We love you and thank you so much！！！

By 李雅微

[合音3]

Dear 笔笔：

　　记得第一次跟你在录音室见面时我心中的OS是——"好朴素的墨镜女孩啊！"

　　而第一次听到你开口唱歌时我心中的OS是——"哇呜~果然是能征服成千上万歌迷的声音！"

　　记得第一次见到你用新造型从天而降时我心中的OS是——"那位朴素的墨镜女孩也太……耀眼动人了吧！"

　　而第一次见你在庆功宴上跟大伙儿打成一片时我心中的OS则是——"舞台上的天后果然是那位很真的朴素墨镜女孩！"

　　祝福你永远保有那颗爱唱歌的赤子之心。

By 李安钧

BiBi Chou 041 **2010**

[第一键盘手]

记得第一场在广州站的总彩排，《传奇》的前奏跟干冰渐渐充满整个舞台，绝美到不行！
舞台上空无一人，耳机里却传来激烈的咳嗽和挣扎的声音！
（是在扭打吧？！）

结果是笔笔被浓浓的干冰呛到了……

正在为她担心时，有位像瓷娃娃一样惊艳全场的女神升上半空。我弹着琴还是忍不住分神去看她——精致漂亮的五官、华丽的礼服、甜美的卷发……整个就是仙气逼人！
在那个让许多男生都腿软的小升降台上，她大器、沉稳、一字一句地唱着……
原本疯狂大叫的观众席上的绿浪，全都屏气凝神地溶化在她清亮的歌声中。
这个可以震慑现场所有人的小女生，真的是20秒前被呛得乱七八糟的那个人吗？！

在前期的编曲工作中，我听过每一首她唱的歌，猜想着她的个性，却怎么也没想到她是一个这么直接、这么真实又诚恳的女生。

不多话的她，用音乐和我们交朋友，带给我们感动……
载歌载舞的她、rock的她、亲切的她、真诚的她……
笔笔总是不断给大家惊喜！

笔笔，我好喜欢你认真做自己的样子，我们要一起继续加油哦！！
Love you~~

By 牙牙（吴贞仪）

[第二键盘手]

笔笔很用心地在音乐上付出，突破自己，通过多元化的尝试来扩张自己的歌路。跟笔笔的相处是很轻松的，没有距离感，而且很自然。
希望笔笔能继续投入她所喜爱的音乐，把自己的感受和想法记录在音乐当中，与这个时代分享。

By William（钱威良）

[鼓手&DPower团长]

记得北京演唱会结束后，笔笔送给我们她的新专辑，给我那份写着："千千，下次把手打断！"

那时我深深感觉到笔笔是个狠角色！

因为，她在台上台下都是一样地自然率真，还是个十分有义气的家伙！再加上，笔笔唱《传奇》的时候正到要爆炸！

所以，我超爱跟她合作的，哈哈

祝新书大卖、专辑大卖，期待下次的演出！

By 千千（江尚谦）

[第一吉他手]

我是成绩好（陈君豪）。

谁是周笔畅？？打棒球的吗？？

这是我第一次听到这个名字的反应。

没想到，哇！！她在大陆竟然比我还红啊！

而且还是暴红！天后啊！！！

但她不喜欢人家叫她天后……

没错，她是一个完全亲民的超级偶像！

重点是，笔笔是我唯一承认唱功跟我有得比的高手高高手！哈哈~~~

我发现看似呆呆可爱的笔笔其实很认真，每次的演出都有进步，不论舞蹈或唱歌。

虽然talking还是一样无厘头，但我想那就是她如此红的原因——

一个万人景仰的巨星，却毫无架子或大牌艺人的油里油气。

歌迷喜爱她的天真直率，能歌善舞。

而跟她合作的我，也常常在表演中被她独特的气质所吸引。

Anyway，这是一次很难得且爽快的合作，希望笔笔能记得我在北京为她刺在肚子上的红玫瑰贴纸，那足足花了我10块人民币啊！哈哈~

期待下次的再相逢，记得要在台上跟我们一起甩啊！

By 成绩好（陈君豪）

[导演]

对一个第一次开个人售票演唱会就在歌单上开出了将近40首歌的新人，其实我是相当地质疑。

即便是对于一些开过无数演唱会的歌手来说，也是一件不容易的事，但BiBi她就做到了！

"周笔畅"这个名字，是在多年前的一个广播节目中无意听到的，当时只觉得这个声音识别度高的女孩很会唱歌，后来真正认识她则是在制作演唱会的会议中。

安静、不多话，是我对她的第一印象。

但看似随性，在大黑框眼镜下的那对眼睛却藏不住她率真与不服输的性格。

在我眼里，她是个韧度很高的歌手，不怕被人挑战，所以我总给她最高规格的要求，从舞蹈、歌曲到造型，甚至是被吊在20米高的舞台上……

有时连我自己都会觉得有些于心不忍。但就当我心软想降低标准时，她那好胜心使然的结果，总让我们惊艳。

和BiBi这次合作下来，让我再度看到华语乐坛这颗新星的能量与无限可能，随着一次次地被拭亮，相信她的光芒如烈日一样夺目是指日可待的。

By 政哥

[第二吉他手]

TO 笔笔:

虽然我外表看起来不high，但我的内心如同滔滔巨浪般地汹涌澎湃。

当有人high到纵身一跳，导线就断掉，舞台升上去了，结果该在台上的人不在台上的时候……总是需要有另一个人能够冷静地思考，判断接下来该怎么走下去。

哈哈哈……哈哈哈……哈哈……哈……（渐行渐远的笑声）

不过，我个人还是可以如你所愿地更high一点儿的啦~~~

By 理事长（黄宣铭）

[贝斯手]

Hey girl~~

从在彩排室初次见面到现在，我们一起经历了许多。

能把你当做一个好朋友来看待，对我们来说实在是件很难得又幸福的事。

看着许许多多的照片，写下这些要对你说的话——

很多回忆一齐涌上来，开心的、骄傲的、感动的，该有的一样也没少。

不管是为了关心你的大家，还是为了你自己，我都衷心地希望，希望你能越来越发光、越来越闪亮！

感谢你曾经带给我们的这些、那些，一切的美好。

我不会忘记和天后女孩相处的每一次经历，也更期待并珍惜与你相遇的每一次机会。

Best wishes from the heart~

By 阿达（宁子达）

[小提琴]

　　还记得初次与BiBi排练时，觉得好像来了一位邻家女孩。其实接到案子时，我根本不知道她是谁，连她一首歌都没听过。

　　我对大陆的流行乐坛资讯并不太清楚，直到听完所有的mp3后，才开始对这位小天后有了些概念。当时我觉得BiBi的曲风非常多样化，所以非常期待日后的合作。果不其然，小天后唱功一流，毫不费劲，快慢自如，处处到位。很难想象这些难曲唱起来能如此轻而易举，真是佩服！

　　而其在演唱会的表现更是有大将之风。我合作过的演唱会巨星也不少，比较起来她毫不逊色，果然是厉害哦！

　　期待BiBi未来有更多面的突破！

By　卢耿锋

[音乐总监]

在将近十年前有幸开始与张惠妹小姐合作演出以来，其间与多位歌手、艺人、音乐家共同享有的美好音乐记忆中，我已经很难有什么机会再被吓到……你知道，毕竟张小姐是如此不可多得的奇葩，我也很难想象还能有谁可以超越这颗耀眼的巨星……

而生命总是充满了惊喜，答案往往不在你可以预期的时空里。

2010年5月29日晚上8点钟的广州体育馆，周笔畅在一片绿色光海中冉冉升起，此刻回忆起来如同格放的电影一般。她一首又一首演绎着我们好像因为疯狂地排练而十分熟悉，却在演出当下我又感到难以言喻的新奇的音乐……

那一晚，我被吓到了。

那真是一个非常特别的夜晚。在一个不论从哪个方面来说都非常时尚而奢华的舞台上，除了周同学本人之外，在台上台下忙碌的制作团队全部都是越过海峡而来；而在那个屋顶快要被掀翻的巨大场馆里，更多的是不远千里而来的笔亲……

我从没见识过这样的场景，我唯一能感知的色彩光线，完全是纯粹的、充满生命的绿。

那巨大的呼喊声和那激动的神情，上万个灵魂在那一晚全部被周同学牵引着、疯狂着……

而在5月初她第一次出现在我们团练的强力录音室时，我一点也没料到会在不久的将来得到那么深的生命体验。

在历经了十几年的音乐工作后，我本以为再也不会有什么可以期待的，但那一晚在隔海的对岸，我真的很高兴我可以对未来再次怀抱期待的情感。

因为我见识过一个瘦小而沉默的女子，在她眼神的深处，有那么多纯粹的爱。

我知道，她与她的同伴还要走更远的路，去创造更多的惊奇和感动。

而我很荣幸，参与了这美好的一段。

By 这次的音乐总监 黄中岳

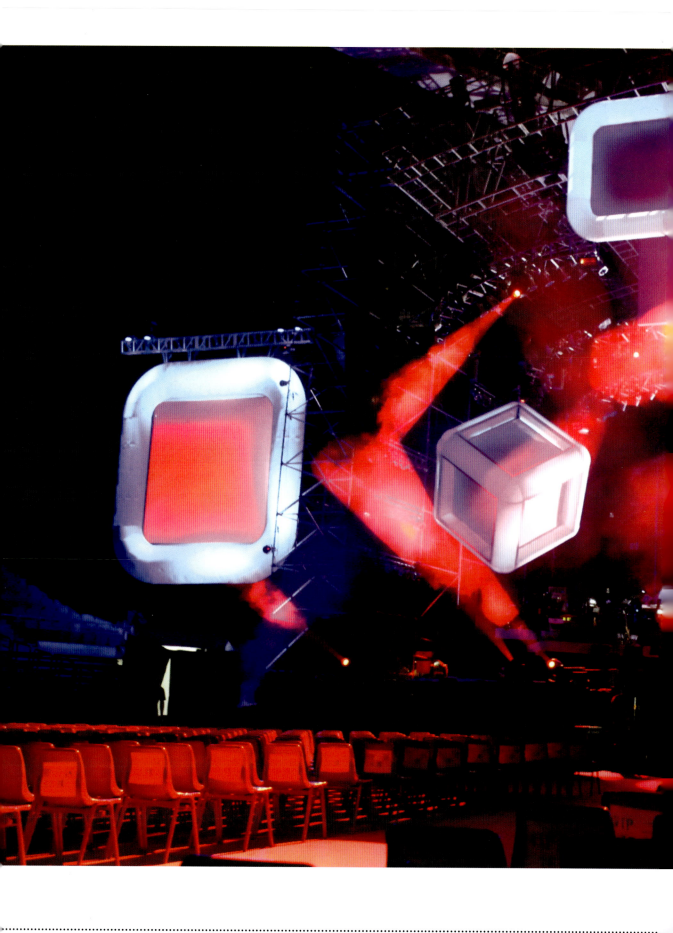

演唱会制作

出品人：黄伟菁
监制：林文炫
项目统筹：张毅/刘迎/叶颖欣/曾月娟
项目执行：汪海蓉/单文胜/宋柯轩/于东海/江盈茜
演唱会文字：陈珺
艺人经纪：北京金牌大风文化传播有限公司
海报/宣传照摄影：张悦Zack（ZACKIMAGE.com）
演唱会现场摄影：Mark(广州)/韩源(北京/杭州)
侧拍：张毅/单文胜

企划制作：源活国际娱乐整合行销股份有限公司
演唱会监制：陈镇川
演唱会制作人：吴政育
音乐总监：黄中岳
Drummer：江尚谦
Bass：宁子达
Guitar：黄宣铭/陈君豪
Keyboard：吴贞仪/钱威良
弦乐：卢耿锋/李雅微/田晓梅/李安钧
艺人造型设计：韩忠伟
造型助理：陈品卉/胡玮玲
艺人化妆：叶晓菁
艺人发型：陈佩君(广州)/叶瑷嘉(北京/杭州)
发型助理：陈映如/杨孟桦
Dancer：陈玉姬/陈裕琦/黄伊莹/师钰婷/蔡怡梵/廖梓筠

《鱼罐头》

《单面镜》

《眼镜》

《I miss U missing m

《青睐》

《不唱》

《你们的爱》

《唱响幸福》

《这句话》

《上帝咬过的苹

《Season》

《Love & Life》

《二手歌》

《醒着梦游》

BIBI
CHOU
2010

《时光机与流浪者》

《娃娃》

《星期三的信》

《恋爱料理》

《别装了》

《一滴泪的距离》

《倒叙的时光》

《唱一半的歌》

《学会感觉》

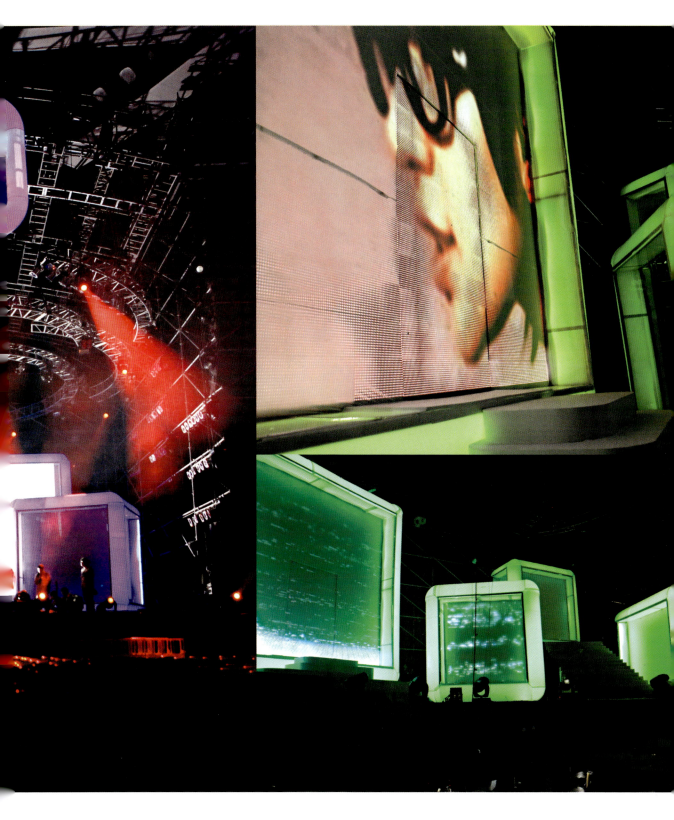

BiBi Chou 2010

BiBi Chou 071 **2010**

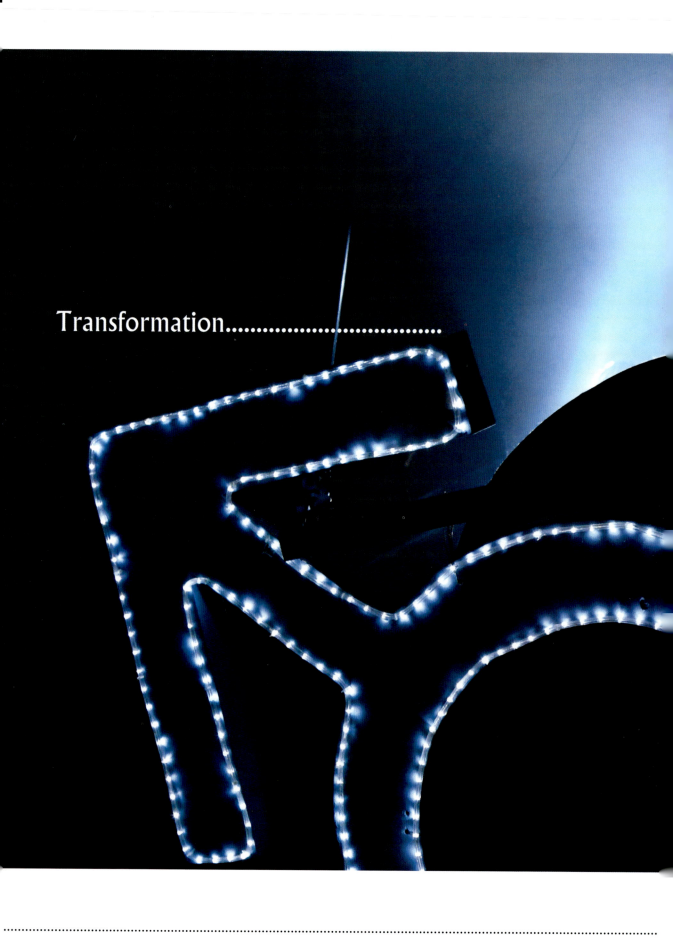

Transformation.......................................

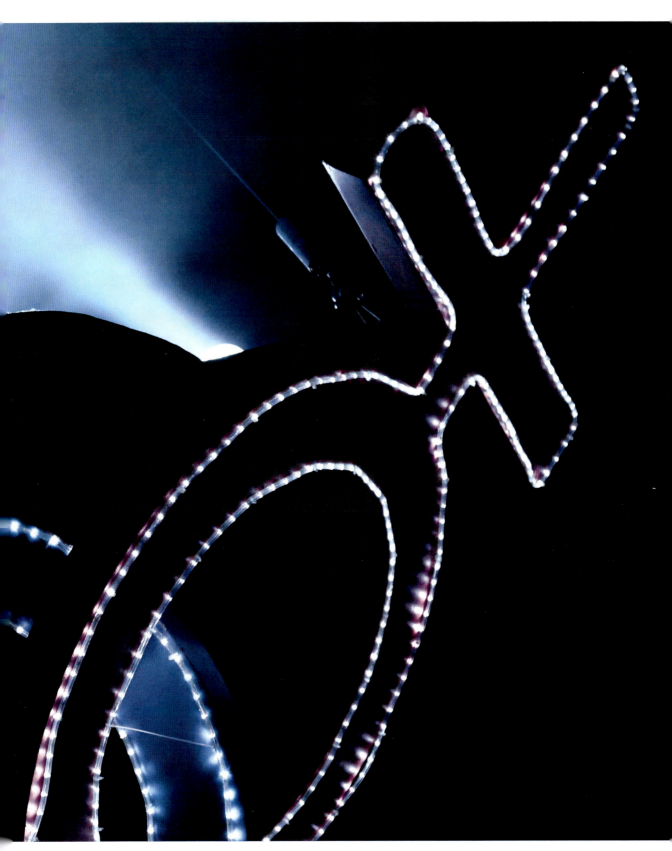

03

BIBI CHOU 2010

唱响幸福

唱响幸福　不怕孤独
音乐的路上自己做主
我走的路我唱出自己的音符
唱响幸福　唱出自己的路
展翅飞翔我不会怯步
世界就听我唱响幸福

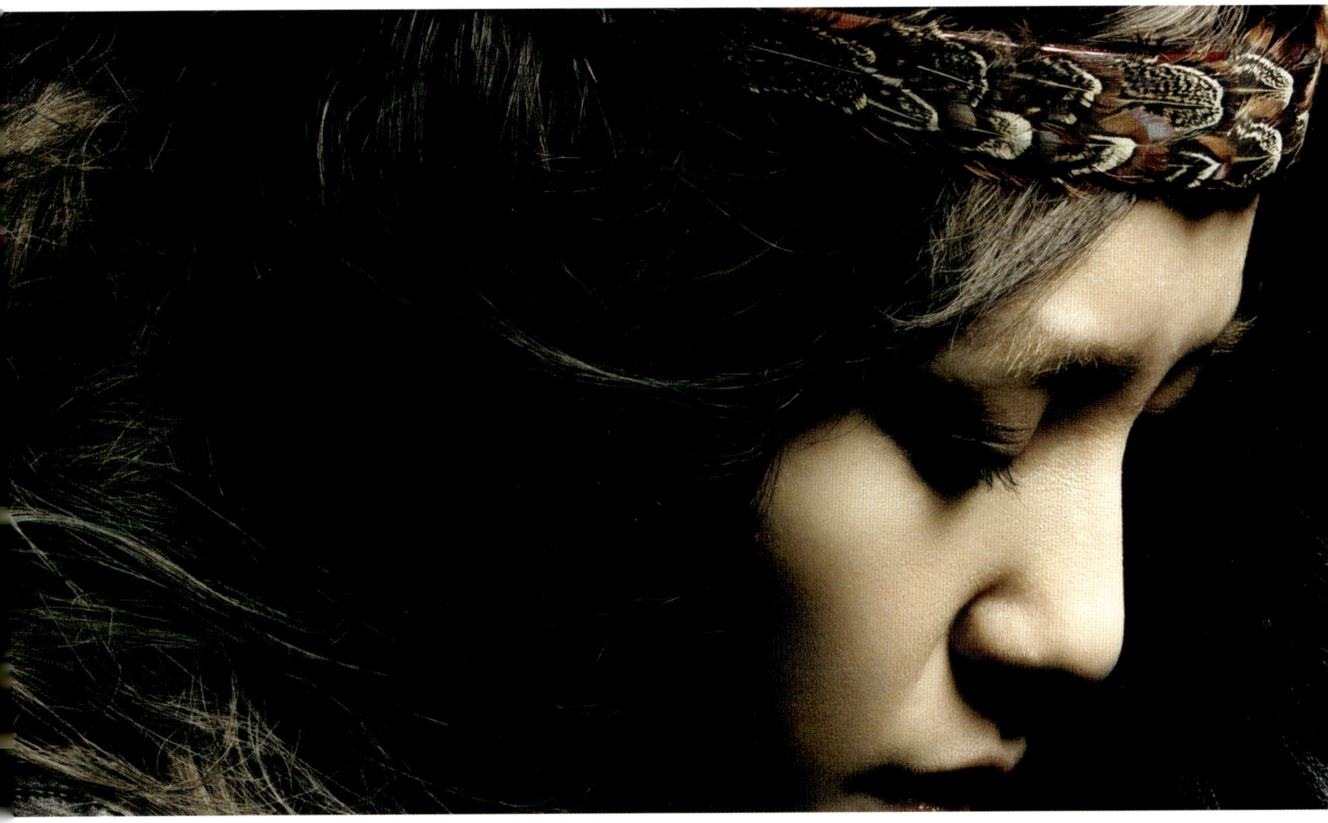

BiBi Chou 2010

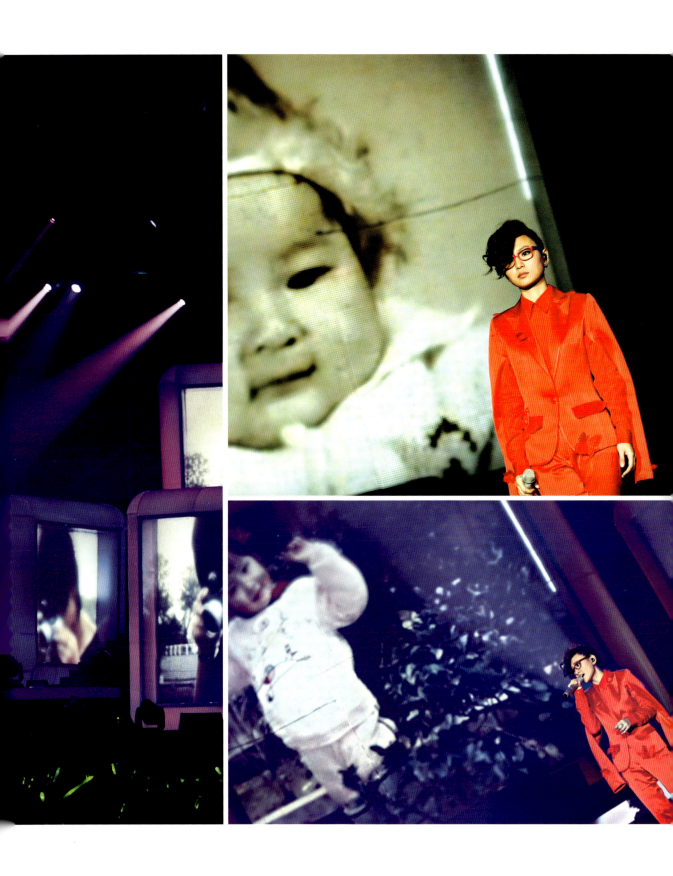

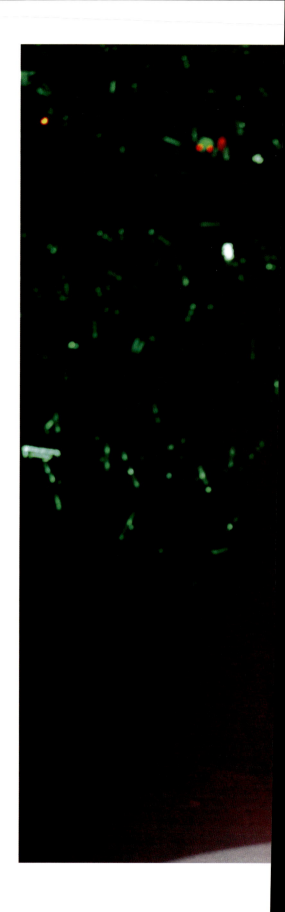

BIBI
CHOU
2010

谁让你我静似月
只能在心里默念
檐下燕
替我飞到你身边

BiBi Chou ⁰⁸⁵ 2010

BiBi Chou 087 2010

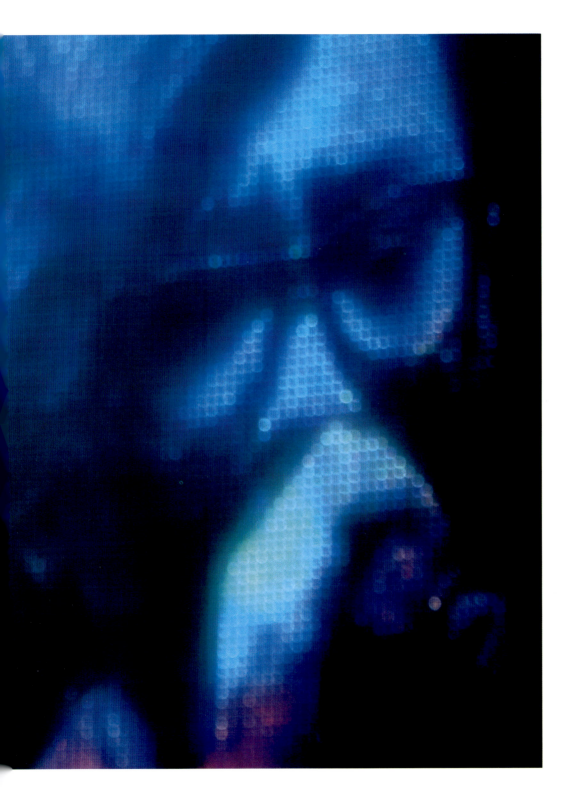

BiBi Chou 2010

BiBi Chou **2010**

BIBI CHOU 2010

04

BIBI
CHOU
2010

鱼罐头

缺氧
鱼失去海洋
我失去心脏
要用什么补偿　都一样
鱼罐头一样
慢慢地被盖上　不透光

BiBi Chou ⁰⁹⁷ 2010

BiBi Chou ¹⁰⁵ 2010

05

BIBI CHOU 2010

时光机与流浪者

别等我
成全我
忠于我
还给我
做我渴望的那个我

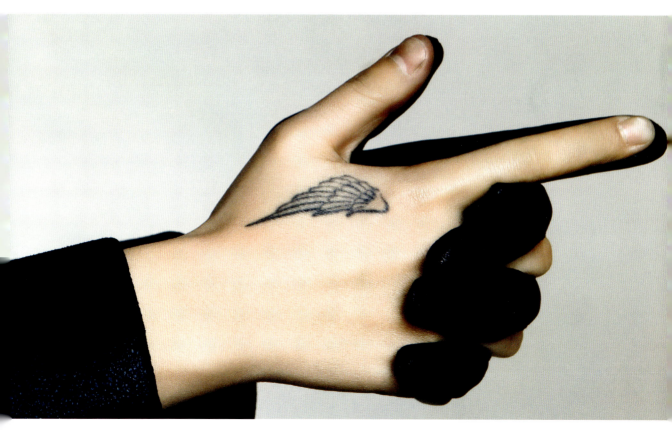

BiBi Chou ¹¹⁵ **2010**

BIBI CHOU 2010

2010 BIBI CHOU

BiBi Chou ^119 2010

BiBi Chou [123] 2010

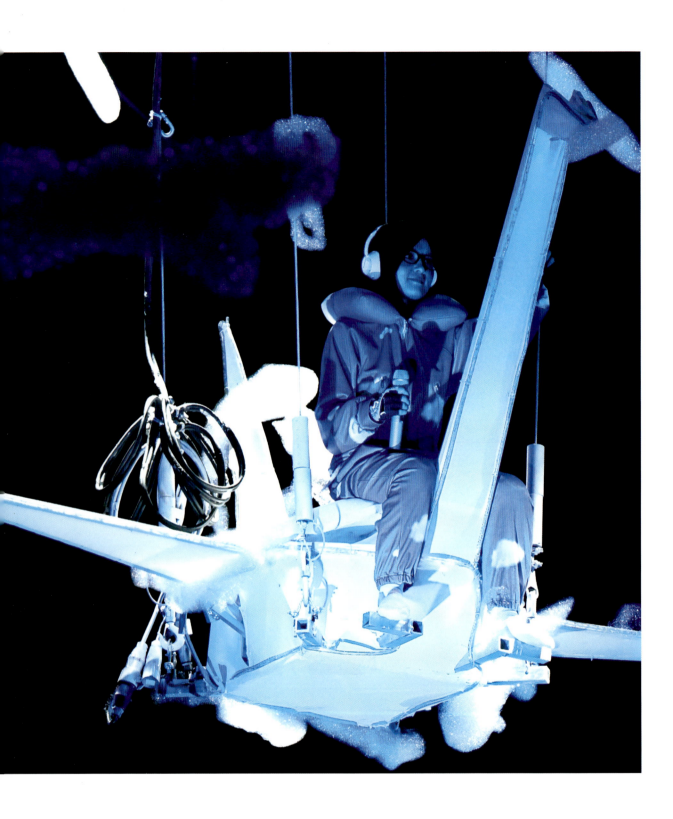

06

BIBI
CHOU
2010

别装了

快乐为己不为谁
想笑就笑心碎就碎
看不过眼就反对
忠于自我不是犯罪
你装得够了没

BiBi Chou ¹³¹ 2010

BiBi Chou ¹³³ 2010

BiBi Chou ¹³⁵ **2010**

BiBi Chou ¹³⁷ 2010

BiBi Chou ¹⁴¹ 2010

07

BIBI
CHOU
2010

你们的爱

爱我的人　相信我
我一直在努力改变所有失败
为你们而存在
爱我的人　感谢你们的爱
就算人生不是精彩　我也要勇敢的姿态

BiBi Chou ¹⁴⁹ 2010

BIBI CHOU 2010

还记得在彩排的时候，需要讲话过渡的地方都被我省略过去了，因为我觉得好肉麻。但在"5·29"当天，我兴奋地对台下的你们说，今天终于站在了我一个人的舞台上，从今往后就都是属于我们的日子。

这一段话，是台下你们每一个人激发出来的，是一句无法被彩排的承诺。

其实这次的演唱会，最要感谢的，还是每一位在座的歌迷。虽然我不能一一认出你们或叫出你们的名字，但你们狂热的呼喊、你们的笑靥和泪水、你们响彻云霄的合唱，全都已经深深印刻在我的脑海，是让我珍藏一辈子的回忆。那些歌声飘往的方向，那些没有说出名字的寄语，那些未曾表达的感言和感谢，我相信，你们都会懂。

在"唱歌去旅行"的演唱会上，你们就是沿途最美的风景。少了你们中任何一个，我的回忆都不会完整。

从今以后，都是属于我们的日子。

我们的旅程永不结束。

BiBi Chou

通过这短短两年的相处我深信不疑——

她是一个可以创造奇迹的歌手。

她是一个为音乐而生的歌者。

她的歌声就是最大的奇迹。当她唱起歌来，所有的一切都不存在了，整个世界就只剩下这一种歌声、这一个聚光点，只剩下这个发光发热的她。

演唱会之前，她辛苦地节食加彩排，瘦得非常有型，让我们除了敬佩就是心疼。那时我们就预感到，这将是一场超级好看的演唱会。

"5.29"当天，我站在舞台前方，看着人群陆续进来，绿色的星星点点逐渐把体育馆的座位填满，我被这幅动态的美景深深感动了。在她登台前，我们一起在后台做加油的手势。结束后她从升降台下来，我们围成圈儿来迎接她——台上是极致炫目的繁华，台下是一个团结温馨的小世界。这种感觉，一直温暖着我们团队每一个人的心。

整个演唱会三个小时，我站在台侧心里一直很忐忑，担心会出状况。但是从广州首站的旗开得胜，到北京生日站的不同凡响，再到杭州站的出师大捷……我知道，她是一个让人放心的歌手，而我唯一要做的，只是好好地享受她带来的这场音乐盛宴。

其实，演唱会的流程和歌曲对我来说已经熟得不能再熟了，但是每听一遍却都还是像第一次那样惊艳和感动。虽然演唱会上她华丽的女王风范让熟悉她的我们几乎不认得，但她音乐里的诚意却丝毫未减，歌曲里的感情比之前更加浓郁。工作人员里有人静静凝听，有人感动出神，有人甚至听到流泪……

我们都告诉自己，这是一个值得你去为她付出的歌手，我们要坚定地站在她身后做她坚强的后盾。

当盛赞铺天盖地而来，媒体不吝用最优美的词语来赞美她的演唱会时，我们发自内心地欣慰，她的努力和累积得到了最好的回报。而最有成就感的是，我们也向很多人证明了一件事，那就是我们的歌手也可以做出这样具有标杆意义的演唱会，绝对好看、绝对超值、绝对震撼！！！

2011，我们继续在唱歌去旅行的途中找寻属于我们每一个人最美的风景。

金牌大风企宣总监　张毅

08

BIBI
CHOU
2010

只唱一半未完的歌

留给未来继续创作

只要心是透明的

就能把希望折射

这是一段温暖的旅程，无时无刻我都是被浓浓的暖意包围着。虽然我不是一个很会说感谢话的人，但三场演唱会下来，有太多太多的感动和感谢，暖暖地，全都涌在我的胸口。

谢谢我的公司金牌大风，谢谢Norman，签约时的"金玉良缘"，终于结出了这颗丰硕的果实。

谢谢我的老板Joanna全程贴心地陪伴，每一晚都坐在台下做我最投入的观众，在后台给我加油打气，结束后跟我一起总结。正是这份宝贵的信任和关爱，才让我完成得一场比一场出色。

谢谢陪我一起奋战的你们，虎哥、张毅、海蓉、单文胜、Jenny姐、小茜……还有小轩、晶晶、July和公司的每一位同事。虽然演出时你们总站在灯光照不到的位置，但是正因有你们在，我才会无所畏惧。没有你们，演唱会不会这么好看。

谢谢舞台上的live band、乐手、合音、dancers……你们不只是工作伙伴，更是朋友。这次演唱会还有一个最大的收获，就是让我拥有了你们这帮好朋友。这份情谊为我打造出了一个可以毫无顾忌、尽情挥洒的舞台。

最后，还要谢谢我的父母。如果不是你们守护着我最初的音乐梦想，今天的我就不能够将它发扬光大。虽然因为工作的原因，我不能常常陪在你们身边，但是希望你们看到舞台上的我会感到欣慰，也希望你们觉得我是一个让你们感到骄傲的女儿。

BiBi Chou

声音的魔力让我进入不忍离去的盛宴

有没有一种经验……
在清晨，将醒未醒时，
在忙碌到一片空白的时间里，
在拥着棉被，进入深层的呼吸中，
脑子里，有一个浅浅的声音萦绕着……
于是你不由自主跟着哼，一句、两句，间歇地，不间断地……

我常常不由自主地哼着，哼着……然后，突然发现，脑中也浮起了画面，像照片一样清晰。
那份紧张还在胸口，那种快乐还在脸上。
原来，每一场你的演出都深深地进入了我的血液，伴随着我的呼吸，反复地在进行。

5/29 广州 录了下来，我反复地观看，挑出每一个不满意。为了修改，一定要录下来检查。
7/24 北京 生日演唱会，美好的回忆。当然要录下来。
8/21 杭州 开始了三分之一，突然很惊慌地问工作人员，有没有侧录。
工作人员问："这次为什么要侧录？"
衣服差不多，流程也差不多，为什么还需要录呢？
我愣了愣，因为……因为，每一次你都不一样啊！

你的情绪，带动着每一首歌曲不同的表情。
每一个动作，表现你不同的个性。
每一句言语，都代表你当天对现场观众的情感。

就这样，我习惯了每次结束后，看你的微博、贴吧，发现原来好多人都发现了——
你为何这首歌站在那里、那句话又是对谁说的、什么时候自己傻傻地笑着。
热烈的、深情的、可爱的……
唯一不变的是歌曲里的情感，击打着每一个来参加这场party的观众。

所以，每次结束后，大家都恋恋不舍，不忍离去。
这样的夜晚，这样的激情，这样的感动。
大家狂热地呼喊，喊着喊着；你在舞台边，专心地听着……
灯光暗了，观众们拖着脚步……
你沿着场馆慢慢地绕着，默默地在车里对外面的人们挥手。
低调的感动。
一边的我却感到你澎湃的情感。

朋友们，我们下次见！

金牌大风中国区总裁　Joanna黄伟菁

图书制作名录

出品人：黄伟菁／黄亮（时代至元）

总监制：林文炫／崔丹华（时代至元）

项目总监：张毅

项目执行：单文胜

制作执行：仇晓红（时代至元）／何瑶（时代至元）

宣传统筹：陈炯／安涛（时代至元）

宣传执行：金牌大风宣传部（北京）汪海蓉／王晶晶／宋柯轩／单文胜

　　　　　　　　　　　　　（上海）周宇琪／李蕾／陈家骏

　　　　　　　　　　　　　（广州）刘文佳／杨蕾

策划编辑：雷　同
责任编辑：万　平
特约编辑：袁舒舒
装帧设计：朱君君

ⓒ 周笔畅 2011

图书在版编目（ＣＩＰ）数据

唱歌去旅行/周笔畅著. —沈阳：万卷出版公司，
2011.1
ISBN 978-7-5470-1296-3

Ⅰ.①唱… Ⅱ.①周… Ⅲ.①周笔畅—生平事迹—摄
影集 Ⅳ.①K825.76-64

中国版本图书馆CIP数据核字（2010）第220864号

出版发行：北方联合出版传媒（集团）股份有限公司
　　　　　万卷出版公司
　　　　　（地址：沈阳市和平区十一纬路29号 邮编：110003）
印 刷 者：北京中科印刷有限公司
经 销 者：全国新华书店
幅面尺寸：190mm×255mm
字　　数：160千字
印　　张：10.5
出版时间：2011年1月第1版
印刷时间：2011年1月第1次印刷
选题策划：雷　同
责任编辑：万　平
特约编辑：袁舒舒
装帧设计：朱君君
ISBN 978-7-5470-1296-3
定　　价：59.00元

联系电话：024-23284090
邮购热线：024-23284050　23284627
传　　真：024-23284448
E－mail：vpc_tougao@163.com
网　　址：http://www.chinavpc.com

常年法律顾问：李福
版权专有 侵权必究 举报电话：024-23284090
如有质量问题，请与印务部联系。联系电话：024-23284452

经纪公司 金牌大风

出品公司 万榕书业

北京时代至元文化发展有限公司 *TimesDream*

金牌大风官网：www.gold-typhoon.com.cn

时代至元官网：www.timesdream.com